PASS AUF MICH AUF!

Lorenz Pauli · Miriam Zedelius

Herr Schnippel liegt bequem in der Hängematte …
Und er liegt in unserem Buch. Von uns lässt er sich nicht stören.
Wir schauen ja eigentlich auch nur zu.

»Ach, ist das schön!«, seufzt Herr Schnippel. Er streckt sich
und blinzelt durch die Äste in den Himmel.

Plötzlich steht Juri neben ihm.

Er fragt: »Denkst du, ich bin groß genug, um auf mich selber aufzupassen?«

Herr Schnippel denkt nach.

Dann sagt er: »Ich weiß es nicht. Ich kenne Kinder nicht so genau...«

Juri strahlt: »Du kannst mich kennenlernen. Und wenn nötig, kannst du auch gleich auf mich aufpassen.«

Juri setzt sich zu Herrn Schnippel in die Hängematte.

Herr Schnippel fragt: »Wie passt man eigentlich auf ein Kind auf?«

Juri weiß es: »Ganz einfach! Man füttert dem Kind ab und zu einen Apfel und schaut mit ihm ein Buch an.«

Herr Schnippel holt im Haus Kekse und ein Buch über den Eiffelturm.

Juri ist weg.

Aus dem Apfelbaum tönt es: »Hier bin ich!«
Herr Schnippel klatscht in die Hände: »Toll! Du bist ein prima Kletterer!«
Aber Juri schüttelt den Kopf. »Du musst sagen: ›Um Himmels willen!
Nein, das darfst du nicht! Das ist gefährlich!‹ — So geht aufpassen.«
»Na gut«, seufzt Herr Schnippel,
»um-Himmels-willen-nein-das-darfst-du-nicht-das-ist-gefährlich.«
Juri verdreht die Augen: »Das war zu wenig aufgeregt!«
Herr Schnippel nickt und versucht es, bis Juri zufrieden ist.

Dann sagt Herr Schnippel: »Gut! Und jetzt komm runter. Spring!«
Aber Juri schüttelt den Kopf: »Du musst dir Sorgen machen.
Und dann kletterst du hoch und rettest mich.«

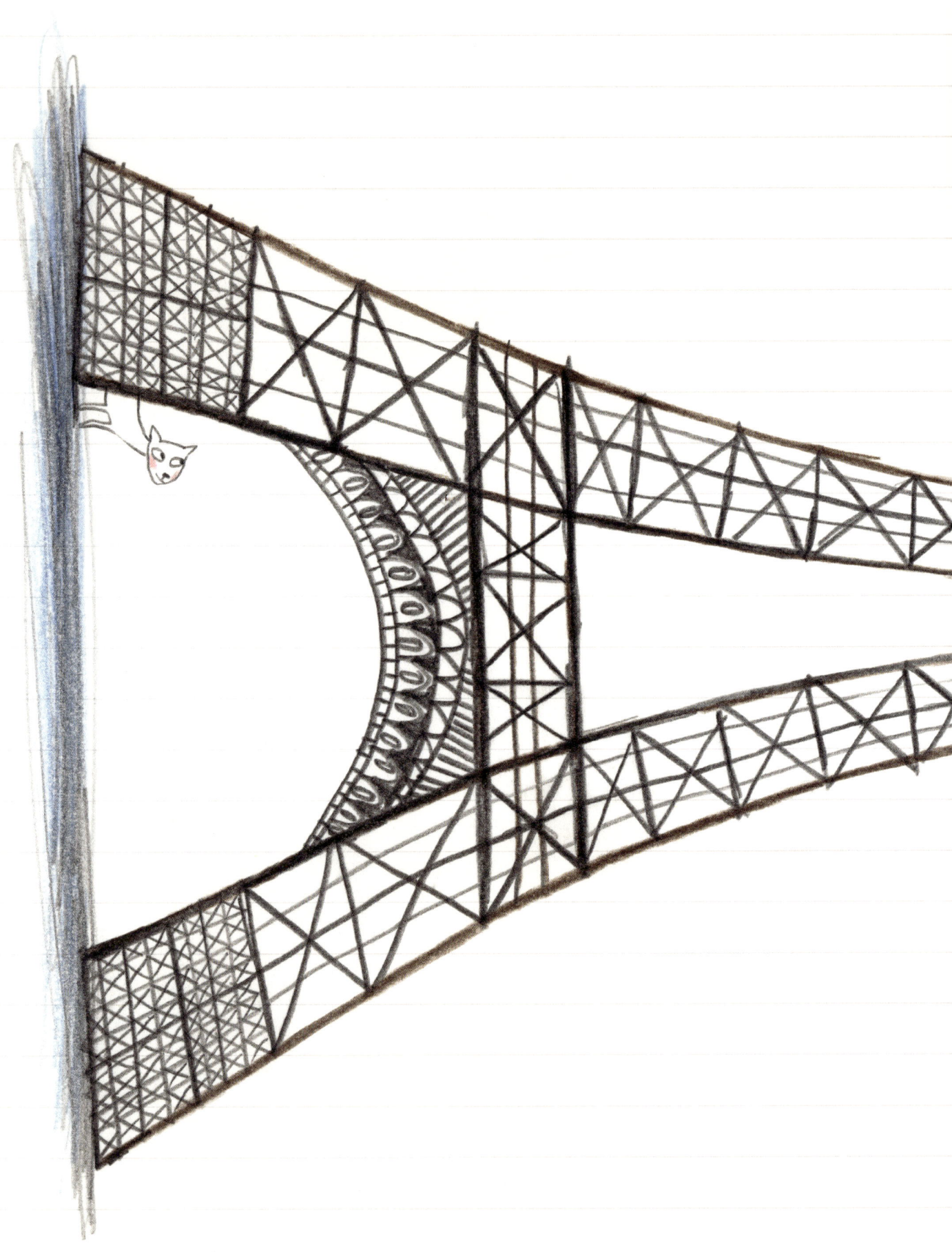

Herr Schnippel klettert und rettet.

Dann hat Herr Schnippel eine Idee: »Indianer!
Wie wärs, wenn ich dir Pfeile und einen Bogen mache?«
Juri schüttelt den Kopf. »Das geht nicht: zu gefährlich.«
»Lagerfeuer?«, schlägt Herr Schnippel vor.
»Das qualmt: Rauchen ist ungesund.«
»Schatzsuche?«, fragt Herr Schnippel.
»Das wäre unklug: Wenn wir viel Gold finden, kommen bestimmt Räuber.«
»Baden gehen?«
Juri schüttelt den Kopf: »Ich könnte ertrinken.«
»Fernsehen?«
»Davon bekommt man viereckige Augen, sagt Mama.«
»Scherenschnitte machen?«, schlägt Herr Schnippel vor.
»Scheren schneiden …«, gibt Juri zu bedenken.
»Dann können wir ja bloß noch im Garten liegen und nichts tun …«
»Geht auch nicht: Sonnenbrand«, erklärt Juri.

Da strahlt Herr Schnippel: »Schubkarrenrennen!«
Er holt die Schubkarre, setzt Juri hinein und läuft los.

Juri ruft: »Ohne Helm darf ich nicht …«
Aber Herr Schnippel saust weiter.
Quer über die Buchseite!
Er überholt Frau Asperilla.
Hops!
Weiter gehts auf die nächste Seite!

Überholt ein Fahrrad.
Überholt den Traktor.

Schneller als das Auto!
Schneller als das Flugzeug!

Sie heben ab …

Sie lassen die Rakete hinter sich!
Sausen ins Weltall!

Tschüss Mond!
Tschüss Sonne!
Tschüss alles!

Da!

Jetzt sind sie sogar aus dem Buch gesaust. Einfach weg! Siehst du?

Wenn die nicht zurückkommen, ist die Geschichte hier aus!

Ist sie aus, die Geschichte?

Oder können wir die beiden einfangen?

Vielleicht, wenn wir das Buch ganz hoch in die Luft halten?

Ein Glück. Sie sind wieder da.

Sie landen.

Die Schubkarre hat eine Beule. Juri hat eine dreckige Hose.

Herr Schnippel hat seinen Hut verloren.

Sie lachen. Die Schubkarre lacht nicht, die quietscht nur.

Juri sagt: »Um 5 muss ich zu Hause sein.«

Herr Schnippel nickt: »Das ist gut. Denn 5 ist es jeden Tag ungefähr zwei Mal. Da haben wir noch Zeit. Jetzt gibts Kekse!«

»Mama sagt, Kekse sind etwas für Sonntage.«

Herr Schnippel strahlt: »Ehrlich? Danke, liebe Kekse! Ihr habt gemacht,

dass dieser Tag ab sofort ein Sonntag ist. Ich liebe Sonntage.

Ach, ist das schön!«

Sie baumeln in der Hängematte und mampfen Kekse.

Dann schlägt es von der Kirche her irgendetwas.

Juri hüpft aus der Hängematte.

»Pass auf, ich komme morgen wieder!«, sagt er.

Herr Schnippel freut sich: »Wir haben das Buch vom Eiffelturm noch nicht angeschaut. Das machen wir morgen. Und dann bauen wir einen Schneemann.«

»Es ist überhaupt nicht Winter«, lacht Juri.

»Das kriegen wir hin. Und dann spielen wir morgen, es wäre heute. Und vielleicht malen wir alles in ein leeres Buch. Dann fängt unsere Geschichte immer wieder von vorne an.«

Und wir?

Was tun wir jetzt? Denn nun ist sie wirklich aus, die Geschichte.

Oder tun wir so, als wäre es schon morgen,

und das Buch und wir und alles fängt von vorne an?